# PHILIPPE DE MASSA

# OMBRES CHINOISES

## COMÉDIE EN UN ACTE

PARIS

CALMANN LÉVY, ÉDITEUR

3, RUE AUBER, 3

1899

# OMBRES CHINOISES

## COMÉDIE EN UN ACTE

Représentée sur le théâtre du Cercle de l'Union Artistique,
le 22 janvier 1897.

CALMANN LÉVY, ÉDITEUR

———

DU MÊME AUTEUR

SERVICE EN CAMPAGNE, comédie en un acte, en vers.
SOUVENIRS ET IMPRESSIONS, un volume.

———

Droits de reproduction, de traduction et de représentation réservés
pour tous pays,
y compris la Suède, la Norvège et la Hollande.

———

IMPRIMERIE CHAIX, RUE BERGÈRE, 20, PARIS. — 14568-7-99. — (Encre Lorilleux).

# OMBRES CHINOISES

COMÉDIE EN UN ACTE

PAR

## PHILIPPE DE MASSA

PARIS

CALMANN LÉVY, ÉDITEUR

3, RUE AUBER, 3

—

1899

# PERSONNAGES

----

MADAME DE RIEUX, jeune veuve.  M<sup>me</sup> ROSA BRUCK.

HÉLÈNE, sa femme de chambre. . .  M<sup>me</sup> ALICE LAVIGNE.

HECTOR DE VALVINS . . . . . .  M. ALBERT LAMBERT fils.

----

# OMBRES CHINOISES

Le petit salon d'une villa, à Deauville. Table de toilette avec un miroir, des flacons, un vaporisateur. Du côté opposé à la table de toilette, une porte. Fenêtre au fond. Une petite table à jeu avec de petites cartes de patiences. Au lever du rideau, madame de Rieux est assise à la table de toilette. Hélène garnit de ses accessoires un nécessaire de voyage.

## SCÈNE PREMIÈRE

### MADAME DE RIEUX. HÉLÈNE.

MADAME DE RIEUX.

Mon soupirant est toujours à sa fenêtre?

HÉLÈNE.

M. de Valvins? Non, madame, pas en ce moment. Mais il ne tardera pas à reparaître, puisque Madame vient de rentrer.

MADAME DE RIEUX.

Il y fera donc sa dernière station, puisque je quitte Deauville aujourd'hui même!

HÉLÈNE.

Madame n'y reviendra pas l'année prochaine?

MADAME DE RIEUX.

Peut-être, mais, à coup sûr, pas pour habiter ce chalet.

HÉLÈNE.

On y est pourtant bien tranquille.

MADAME DE RIEUX.

Depuis quinze jours. Mais pendant la semaine des courses,
le voisinage du Grand Hôtel offre trop d'inconvénients;
l'agent de locations ne m'avait pas prévenue que dans le
pavillon ici en face, descend habituellement une bande de
joyeux viveurs...

HÉLÈNE.

Oui, des *fêtards*...

MADAME DE RIEUX.

Associés à quelques demoiselles galantes qui, la nuit venue,
ne se donnent même pas la peine de tirer leurs rideaux;
de sorte qu'en prenant l'air à cette fenêtre, on voit s'agiter
des couples d'ombres chinoises que le cinématographe hési-
terait à reproduire. Heureusement, la réunion de Dieppe a
fait émigrer ces voisins peu édifiants.

HÉLÈNE.

Excepté un seul qui a *plaqué* les autres au moment du
départ.

MADAME DE RIEUX.

Plaqué? Qu'est-ce que cela veut dire : plaquer?

HÉLÈNE.

Lâcher, fausser compagnie, quitter brusquement une
femme pour courir après une autre. Voilà pourquoi, depuis
que M. de Valvins est resté seul, il passe sa vie au balcon

pour tâcher d'apercevoir Madame à sa fenêtre, et la file chaque fois qu'elle se promène.

MADAME DE RIEUX.

C'est d'autant plus flatteur pour moi que je suis moins habituée à ce genre d'aventures.

HÉLÈNE.

Madame est pourtant assez jolie pour ça. Du reste, il y a suiveurs et suiveurs. A Paris, c'en est plein; rue de la Paix surtout. Moi, par exemple, quand Madame m'envoie en courses chez Worth ou chez Doucet, il n'y a pas de fois que je ne sois talonnée par quelque ancien militaire décoré qui m'invite à déjeuner au bouillon Duval.

MADAME DE RIEUX.

Le mess des officiers en retraite...

HÉLÈNE.

Dame! ils n'ont pas tous le moyen de traiter leurs invitées chez Paillard... Mais supposer qu'en suivant Madame, de Deauville à Trouville, M. de Valvins ait le toupet de l'aborder pour offrir de lui payer à dîner aux « Roches Noires », ça ce serait invraisemblable.

MADAME DE RIEUX.

Par conséquent, je devrais lui savoir gré de sa timidité!

HÉLÈNE.

Oh! pas si timide que ça. Seulement, ce qui l'embarrasse aujourd'hui devant Madame, c'est de s'être *gondolé* huit jours à son balcon entre Diane de Nancy et Adrienne de Tarascon.

MADAME DE RIEUX.

Gondolé... Qu'est-ce que ça veut dire : se gondoler?

### HÉLÈNE.

Se *ballader, rigoler, faire du pétard...*

### MADAME DE RIEUX.

Joli langage! Peut-on savoir où vous avez puisé ce choix d'expressions?

### HÉLÈNE.

Dans les pièces des Variétés que Madame me permet d'aller voir jouer le dimanche.

### MADAME DE RIEUX.

Dorénavant, je ne vous permettrai que la tragédie.

### HÉLÈNE.

C'est bien rasant.

### MADAME DE RIEUX.

Mais non, on s'y fait... Alors, vous croyez vraiment que M. de Valvins regrette de s'être ainsi *gondolé* jusqu'à l'heure où je lui suis apparue sur le chemin de Damas. Mais que va devenir sa conversion, puisque je retourne à Paris ce soir ?

### HÉLÈNE.

Lui aussi, par le même train.

### MADAME DE RIEUX.

Qui l'a donc renseigné sur mes projets ?

### HÉLÈNE.

Son valet de chambre. Il était là quand j'ai commandé l'omnibus.

### MADAME DE RIEUX.

Je croyais vous avoir ordonné de ne rien dire devant lui...

HÉLÈNE.

Madame oublie que si je ne l'avais pas fait causer, je n'aurais pas appris le nom de son maître qu'elle désirait savoir.

MADAME DE RIEUX.

C'est bien ; assez sur ce sujet. Vos apprêts sont-ils terminés ? N'y a-t-il rien d'égaré ?

HÉLÈNE.

Pardon. Il manque un des beaux mouchoirs garnis de dentelles. Je n'en ai trouvé que onze.

MADAME DE RIEUX, cherchant dans sa poche.

Le douzième doit être dans ma poche. J'en ai pris un, ce matin, dans le tiroir.

HÉLÈNE.

En ce cas, le compte y est... Madame ne le trouve pas ?

MADAME DE RIEUX.

Non, c'est singulier. Il faut que je l'aie perdu, il n'y a qu'un instant, en tirant mon porte-monnaie pour faire l'aumône à un pauvre...

HÉLÈNE.

Ça n'a pas porté bonheur à Madame. Un mouchoir qui a coûté plus de cinq cents francs...

MADAME DE RIEUX.

Espérons que saint Antoine de Padoue me le fera retrouver.

HÉLÈNE, à part.

J'aurais plus confiance dans le tambour de ville.

Coup de sonnette au dehors.

MADAME DE RIEUX.

Voyez donc, on sonne.

HÉLÈNE.

Tiens ! si c'était lui ?

MADAME DE RIEUX.

Qui ça ?

HÉLÈNE, allant à la fenêtre.

Saint Antoine !... Non, il n'a pas son auréole... Oh !
madame !

MADAME DE RIEUX.

Quoi donc ?

HÉLÈNE.

C'est M. de Valvins.

MADAME DE RIEUX, feignant la colère.

Lui ! Il aurait l'audace de me relancer jusque chez moi,
moi qu'il ne connaît pas !...

HÉLÈNE.

Le fait est que c'est d'un *rosse*...

MADAME DE RIEUX.

N'importe ! Faites-le entrer.

HÉLÈNE.

Comment ! madame consent à le recevoir ?...

MADAME DE RIEUX.

Sans doute. Son impertinence mérite une leçon.

HÉLÈNE.

Je comprends. Madame va *se payer sa tête.*

MADAME DE RIEUX, avec impatience.

Allez donc ouvrir, vous dis-je.

HÉLÈNE.

Oui, madame. (A part.) Tiens ! tiens !

## SCÈNE II

### MADAME DE RIEUX, seule.

Achevons de triompher de ces demoiselles en combattant avec leurs propres armes.

Elle met de la poudre de riz, du rouge sur ses lèvres, fait jouer sur elle son vaporisateur.

## SCÈNE III

### MADAME DE RIEUX, HÉLÈNE, VALVINS.

HÉLÈNE, annonçant très haut.

Monsieur Hector de Valvins.

MADAME DE RIEUX, à part.

Hector, c'est bien le même.

#### VALVINS.

Pardonnez-moi, madame, d'oser me présenter moi-même, faute d'un intermédiaire que je n'ai pas trouvé.

#### MADAME DE RIEUX.

C'est probablement, monsieur, parce que nous ne voyons pas l'un et l'autre la même société.

#### HÉLÈNE, à part.

Attrape.

#### VALVINS.

Cependant ma hardiesse a son excuse, puisqu'il s'agit de vous faire une restitution.

#### MADAME DE RIEUX.

Une restitution... laquelle?

#### VALVINS.

Celle d'un mouchoir fort précieux que j'ai trouvé tout à l'heure, heureux de cette bonne fortune qui me permet de venir le remettre moi-même entre vos mains.

#### HÉLÈNE à part.

Moyennant récompense.

#### VALVINS.

Le voici.

#### MADAME DE RIEUX.

Ce mouchoir est bien à moi, en effet, et j'aurais mauvaise grâce à ne pas bien accueillir celui qui me le rapporte avec un aussi aimable empressement. Soyez donc le bienvenu, monsieur, et asseyez-vous un instant, le temps de recevoir tous mes remerciements. Laissez-nous, Hélène.

#### HÉLÈNE, à part.

Comme elle se radoucit !

Elle sort.

## SCÈNE IV

### MADAME DE RIEUX, VALVINS.

#### MADAME DE RIEUX.

Un peu de curiosité de ma part ne saurait vous étonner, monsieur. A quel indice, ayant ramassé cet objet sur la voie publique, à quel indice avez-vous donc reconnu qu'il devait m'appartenir ?

#### VALVINS.

C'est bien simple. J'habite là en face...

#### MADAME DE RIEUX.

Au Grand Hôtel ?

#### VALVINS.

Oui, madame, depuis quinze jours.

#### MADAME DE RIEUX.

Pardon, depuis trois semaines.

#### VALVINS.

Ah ! vous aviez remarqué ?...

#### MADAME DE RIEUX.

Entre si proches voisins, c'était inévitable. Vous disiez donc ?

VALVINS.

Que j'ai l'habitude — comme chacun le fait ici — d'aller
deux ou trois fois par jour flâner sur les planches de Trouville ou voir sortir, sur la jetée, le bateau du Havre...

MADAME DE RIEUX.

Moi aussi. Quelquefois même le soir, pour aller à l'Eden-
Casino.

VALVINS.

Je le sais bien.

MADAME DE RIEUX.

Ah ! vous aviez remarqué...

VALVINS.

C'était inévitable ; une personne telle que vous, madame,
ne saurait passer inaperçue.

MADAME DE RIEUX.

Oh! en fin de saison, quand d'autres plus en évidence ont
disparu. Mais, pardon, je vous ai encore une fois interrompu.
Continuez, je vous en prie.

VALVINS.

Tout à l'heure, j'achevais donc ma promenade habituelle
et revenais à marée basse par cette plage aussi déserte que
l'île de Robinson, quand j'aperçus soudain sur le sable uni
et ensoleillé...

MADAME DE RIEUX.

L'empreinte d'un pied humain...

VALVINS.

Mieux que cela, celle d'un pied divin, chaussé, il est vrai, mais d'une semelle si étroite et d'un talon si menu, que de leur trace adorable mes yeux ne pouvaient plus se détacher.

MADAME DE RIEUX.

Pas même pour tâcher d'apercevoir au loin la dame du vol-ce-l'est?

VALVINS.

Si fait. Malheureusement, elle n'était déjà plus en vue.

MADAME DE RIEUX.

Mais en limier de race, vous suivîtes la voie.

VALVINS.

Parallèlement, car la déflorer sous mes pas m'eût paru sacrilège, et je parcourus ainsi quelques centaines de mètres, jusqu'au lais de mer qui borde l'emplacement de l'ancien Casino. A cette hauteur, la piste, obliquant brusquement sur la gauche, se perdit dans l'herbe.

MADAME DE RIEUX.

Ah! ah! un défaut!...

VALVINS.

Heureusement non. Car, tombé sur les dernières foulées, un objet blanc et diaphane, garni de fines dentelles, marqué d'une initiale et d'une couronne, acheva de me convaincre que la trace relevée ne pouvait être que celle de ma voisine d'en face, la baronne de Rieux.

MADAME DE RIEUX.

Vous êtes un veneur émérite, monsieur, et vous n'avez point votre pareil au *paper-rallye*... je veux dire au rallye-mouchoir. Encore une fois, tous mes remerciements. Mais, vous le voyez, je suis sur le point de partir, et maintenant

que la chasse est finie, il ne reste plus qu'à sonner la
retraite.

VALVINS.

Après les honneurs du pied, madame, de ce pied aristo-
cratique, dont j'ai souvent admiré la cambrure lorsqu'il
descenlait l'escalier du bac, moins à sa place, sur ces degrés
prosaïques, qu'à Versailles sur trois marches de marbre
rose.

MADAME DE RIEUX.

Hé! mais voilà qui est le plus galant du monde, comme
on dit à la Comédie-Française. Savez-vous, monsieur, que
c'est presque une déclaration?

VALVINS.

Presque est de trop, madame.

MADAME DE RIEUX.

Vous conviendrez, cependant, que c'est aller vite en
besogne auprès d'une femme dont, il y a quinze jours à
peine, vous ne soupçonniez pas l'existence...

VALVINS.

Cela est vrai, madame; mais pourquoi ne pas lui dire —
une fois admis en sa présence — que, depuis ces quinze
jours je n'ai vécu que pour elle et par elle, attiré à sa suite
par un charme invincible. Sans cesse aux aguets pour la
voir, le matin accoudée à cette fenêtre; le soir, pour tâcher
de l'apercevoir, assise à cette table de toilette, ses beaux
cheveux dénoués sur les épaules, et souriant, à bon droit,
devant son miroir, à son image radieuse de jeunesse et de
beauté.

MADAME DE RIEUX.

Un véritable guet-apens! Oh! monsieur, quelle révélation
troublante et inattendue! Avoir été aperçue, la nuit, à mon
insu, en ombre chinoise... et être obligée d'avouer à l'indis-
cret espion qu'il ne faisait, après tout, qu'user de représailles.

VALVINS.

De quelles représailles, madame?

MADAME DE RIEUX.

Avez-vous donc oublié en quelle compagnie mixte vous
êtes arrivé ici? Ne devinez-vous pas, par cette allusion aux
ombres chinoises, qu'accoudée à sa fenêtre, la voisine dont
vous parlez a pu voir, elle aussi, en quel galant déshabillé
vous entriez le soir dans la chambre à coucher de mademoiselle de Tarascon?

VALVINS.

Erreur d'optique. madame. Je peux vous affirmer qu'entre
elle et moi il n'y avait rien du tout.

MADAME DE RIEUX.

Rien. Pas même son corset!

VALVINS.

Le trait est piquant, mais ce n'est pas moi qu'il blesse.
Celle dont il s'agit est la maîtresse d'un de mes amis, et la
maîtresse d'un ami, c'est sacré.

MADAME DE RIEUX.

Tandis qu'avec une femme légitime, pas de scrupule.

VALVINS.

Surtout quand elle est veuve, qu'on éprouve pour elle un
sentiment avouable et que, sans une circonstance fortuite...

MADAME DE RIEUX.

« Celle qui l'a causé n'en eût jamais rien su... »

VALVINS.

Sans doute, mais dans le sonnet d'Arvers, la dame n'était pas libre, tandis que vous, vous n'êtes pas forcée

D'aller votre chemin, distraite et sans entendre
Le murmure d'amour soulevé sur vos pas.

Croyez donc à ma sincérité, madame, car, depuis que je vous ai vue, toutes mes idées ont changé, la société que je fréquentais m'est devenue odieuse, une aspiration nouvelle a troublé mon cerveau, et je ne saurais plus désormais former d'autre vœu...

MADAME DE RIEUX.

Que celui de m'épouser peut-être ?

VALVINS.

Ah ! Dieu ! si c'était possible !

MADAME DE RIEUX.

Vraiment ? Comme ça, tout de suite, sur ma bonne mine, sans même connaître mon nom de famille ni le chiffre de ma dot ?

VALVINS.

A quoi bon, si je suis assez riche pour deux ?

MADAME DE RIEUX.

Moi aussi, je m'en flatte.

VALVINS.

Croyez bien que je l'ignorais. Cependant, s'il n'y avait d'autre obstacle que celui-là...

**MADAME DE RIEUX.**

Dans le présent, mais dans votre passé, il y a peut-être...

**VALVINS.**

Un cadavre ... Mon casier judiciaire est vierge de tous points...

**MADAME DE RIEUX.**

Naturellement, mais *surnaturellement*, il y a un autre agent de consultation.

**VALVINS.**

L'ange Gabriel?

**MADAME DE RIEUX.**

Non, les cartes. Leur langage secret ne m'a jamais trompée. Mais leur avis favorable ne constituerait pas pour moi un engagement formel vis-à-vis de vous. Tenez, j'ai justement laissé là un jeu de patiences.

**VALVINS.**

Je ne m'attendais guère à une pareille épreuve.

**MADAME DE RIEUX.**

La redouteriez-vous, par hasard ?

**VALVINS.**

Assurément non.

**MADAME DE RIEUX.**

Asseyez-vous donc devant moi et coupez. Pardon. De la main gauche, s'il vous plaît, c'est obligatoire.

**VALVINS.**

Voilà.

### MADAME DE RIEUX.

Merci. Maintenant, choisissez vingt et une cartes.

*Pendant les répliques suivantes, elle étale les cartes sur la table selon la mode d'usage en pareil cas.*

### VALVINS.

Sérieusement, madame, vous croyez à cela ?

### MADAME DE RIEUX.

Avec une conviction absolue. D'abord, j'ai été instruite à bonne école.

### VALVINS.

Celle de mademoiselle Lenormand ?

### MADAME DE RIEUX.

Morte il y a cinquante ans. Quel âge me donnez-vous donc ?

### VALVINS.

L'école de madame de *Thèbes*, voulais-je dire.

### MADAME DE RIEUX.

A la bonne heure, c'est plus moderne... Mais avant tout, promettez-moi d'être d'une entière bonne foi et de ne pas nier ce que les cartes diront de vrai sur votre passé, même si elles révélaient des faits honteux ou simplement désagréables.

### VALVINS.

J'en fais serment.

### MADAME DE RIEUX.

Bien. J'en prends acte... Vous n'avez pas d'émotion ?

VALVINS.

Aucune.

MADAME DE RIEUX.

Alors, je commence. Il est entendu que le valet de *carreau*, c'est vous.

VALVINS.

Pourquoi pas plutôt le valet de *cœur?*

MADAME DE RIEUX.

Parce qu'il s'appelle Lahire et que le valet de *carreau* s'appelle Hector, comme vous. Est-ce clair?

VALVINS.

L'argument est sans réplique.

MADAME DE RIEUX.

Donc, nous partons du valet de carreau. Un, deux, trois, sept de *pique.*

VALVINS.

Qu'est-ce que cela veut dire, le sept de *pique?*

MADAME DE RIEUX.

Qu'il y a sept ans s'est passé un fait en rapport avec la circonstance présente.

VALVINS.

Je ne m'en souviens pas.

MADAME DE RIEUX.

Les cartes vous rafraîchiront la mémoire. Un, deux, trois, dame de *carreau...* une parente à vous qui vous voulait du bien... un, deux, trois, pour un mariage...

### VALVINS.

Attendez donc, oui, ma tante, madame de Saint-Brice qui voulait absolument me faire épouser...

### MADAME DE RIEUX.

La dame de *trèfle*, une demoiselle brune très riche.

### VALVINS.

Mademoiselle de Montlouis. Je ne me rappelle que son nom, parce qu'on n'a pas eu le temps de me la montrer.

### MADAME DE RIEUX.

On voulait donc que vous la prissiez les yeux fermés?

### VALVINS.

Non, mais voici ce qui est arrivé...

### MADAME DE RIEUX.

Ne me le dites pas, je vais le savoir... un, deux, trois. Oui, en effet, il y a eu un obstacle... causé par une dame jalouse... tenez, la voici.

### VALVINS.

La dame de *pique!*

### MADAME DE RIEUX.

Oui, la dame de *pique*... jalouse du valet de *carreau* avec qui elle faisait probablement...

### VALVINS.

Quarante de bésigue. Oui, un faux ménage, une chaîne que j'avais alors...

### MADAME DE RIEUX.

Ah! vous voyez bien!

VALVINS.

Bon, mais la suite?

MADAME DE RIEUX.

Attendez... un dix de *cœur*; rupture.

VALVINS.

Avec la dame de *pique*...

MADAME DE RIEUX.

Mais non, avec la demoiselle brune... vous voyez bien que
j'ai le doigt sur la dame de *trèfle*... rupture par une lettre...
du valet de *carreau*... dans la maison... dame de *carreau*,
de sa parente.

VALVINS.

C'est renversant!

MADAME DE RIEUX.

Et peu rassurant pour vos projets d'union, étant donné le
rôle que les dames de *pique* jouent dans votre existence.

VALVINS.

Plus maintenant, madame. Mais ces détails sont trop pré-
cis pour être un jeu de hasard. Vous ne sauriez les tenir que
de deux personnes; de ma tante de Saint-Brice qui ne
m'a jamais pardonné cette rupture...

MADAME DE RIEUX.

Ou de mademoiselle de Montlouis qui n'a pas eu lieu
d'être plus satisfaite.

VALVINS.

Vous la connaissez donc?

MADAME DE RIEUX.

Mieux que personne.

VALVINS.

Une amie intime?

MADAME DE RIEUX.

Plus encore.

VALVINS.

Comment, vous?

MADAME DE RIEUX.

Oui, moi, à qui l'on avait fait de vous un si élogieux portrait qu'il semblait en vérité que je fusse destinée à épouser le prince Charmant. Les jeunes filles sont crédules, et Dieu sait avec quels battements de cœur je me rendis à l'entrevue concertée entre nos parents dans le salon de votre tante; avec quel sentiment de pudeur je m'apprêtai à subir les premiers regards de l'homme à qui allait peut-être se lier ma vie. Nous fûmes exacts au rendez-vous, où il me sembla tout d'abord étrange que vous ne m'eussiez pas devancée. C'était de mauvais augure. Une demi-heure, trois quarts d'heure se passèrent sans que vous parussiez. Madame de Saint-Brice, qui est une femme du monde accomplie, avait beau chercher des excuses et s'ingénier pour entretenir la conversation, mon père tordait sa moustache, ma mère ne répondait que par monosyllabes, et moi, monsieur, je regardais sans cesse du côté de la porte avec une angoisse et une impatience que redoublait le ridicule de ma situation. Tout à coup cette porte s'ouvrit et au lieu de vous, ce fut un domestique qui entra porteur d'une lettre. Mais avant même que votre tante la lût avec indignation, j'avais deviné qu'il ne s'agissait plus d'un retard involontaire, mais d'une dé-

fection, que quelque lâche capitulation vous retenait aux
pieds d'une autre et que moi... j'étais *plaquée*, comme dit
ma femme de chambre.

VALVINS.

Oh ! madame, quel remords !

MADAME DE RIEUX.

Et moi, quelle humiliation !...

VALVINS.

Vous devez bien penser que si j'avais pu me douter...

MADAME DE RIEUX.

Attendez, je n'ai pas fini !... J'épousai donc un autre
homme, moins élégant, peut-être, mais plus sérieux et sans
fil à la patte. Je l'avais perdu depuis dix-huit mois, quand
à l'expiration de mon deuil, le hasard de cette villégiature
me met en présence d'un inconnu aux mœurs légères qui,
après avoir figuré, sinon joué les premiers rôles dans un
groupe d'ombres chinoises fort réalistes, s'en détache pour
rôder autour de moi. Quel honneur ! Mais comme son ma-
nège me déplaisait, qu'une présentation de lui à moi légi-
timerait une cour qui pourrait me compromettre, de sa part
surtout, je m'informai de son nom afin de me garer de cette
éventualité. Jugez donc de ma surprise en apprenant que
ce séducteur n'est autre que mon déserteur d'autrefois. Oh!
mais alors, c'est bien différent ! L'occasion est trop belle
pour n'en point profiter. Il est épris de moi ? J'achèverai de
lui tourner la tête en lui faisant apprécier tout ce qu'il a
dédaigné. J'ai une jolie main ? J'aurai soin de la déganter en
passant devant lui. Un joli pied ? Je le découvrirai outre
mesure. Une chevelure soyeuse ? Je la dénouerai le soir en
pleine lumière, sachant que de son côté il m'épie dans
l'ombre avec des yeux brillants de convoitise. Si malgré

tout cela, il n'est pas assez *débrouillard* pour trouver le prétexte de pénétrer chez moi, c'est moi qui lui en fournirai un, quitte à lui jeter mon mouchoir plutôt que d'abandonner la place avant qu'il ait parlé, prié et fait amende honorable à son insu. Vous savez le reste, monsieur. Le succès a dépassé mon attente. Non seulement vous m'avez fait une déclaration en règle, mais vous avez poussé les dommages-intérêts jusqu'à me demander ma main. Eh bien !...

VALVINS.

Eh bien?...

MADAME DE RIEUX.

Je vous la refuse avec dédain, car c'est à cela que je voulais en venir, heureuse de donner cette satisfaction tardive à mon amour-propre blessé.

VALVINS.

Vous êtes cruelle, madame !

MADAME DE RIEUX.

Je savoure ma vengeance, voilà tout. C'est bien mon droit, je pense?

VALVINS.

Non. Car vous en outrepassez les bornes avec raffinement, par le fait seul du nouveau supplice de Tantale que vous n'avez pas craint de m'infliger, par tant de séductions déployées devant moi pour m'amener savamment à la plus amère déception. Raffinement, votre accent tout à l'heure si enjoué et maintenant si hautain. Raffinement, votre colère même, vraie ou feinte qui, s'il était possible, vous rendrait plus belle...

MADAME DE RIEUX.

Et plus infâme encore, dites-le donc !

VALVINS.

Infâme, non ; mais machiavélique et enveloppante à l'excès, oui.

MADAME DE RIEUX.

Vraiment ! Ainsi, après avoir répudié une douce jeune fille comme était mademoiselle de Montlouis, vous sacrifieriez votre liberté à une dangereuse coquette telle que madame de Rieux ?

VALVINS.

Plus que jamais !

MADAME DE RIEUX.

Vous avez du courage.

VALVINS.

De grâce, madame, ne me mettez pas davantage à la torture entre votre amertume et vos railleries. Certes, je vous ai grossièrement offensée autrefois en me dérobant à la dernière heure, mais j'étais plus jeune. J'ai le cœur tendre et j'ai cédé à une crise de larmes, à des menaces de scandale qui en auraient fait reculer de plus braves. Et puis, je ne vous avais jamais rencontrée dans un monde où je n'allais guère, sans quoi j'aurais certainement secoué le joug, devant la perspective du paradis que j'ai perdu par ma faute. Laissez-moi tenter de le reconquérir par une expiation plus ou moins longue, mais ne me condamnez pas sans m'accorder au moins le bénéfice des circonstances atténuantes !

### MADAME DE RIEUX.

Avec application de la loi Bérenger, n'est-ce pas ?

### VALVINS.

Ah ! vous avez souri, vous êtes déjà un peu désarmée.

### MADAME DE RIEUX.

Non, mais je délibère. Il est certain que vous plaidez chaleureusement une cause dans laquelle je me trouve à la fois juge et partie. Je serai donc aussi loyale que vous vous êtes montré inflammable, et je reconnais qu'en contribuant à mettre le feu aux poudres, j'ai créé entre nous une situation dont je n'avais pas d'abord envisagé toutes les conséquences. D'autre part, si je revenais plus ou moins vite sur un refus aussi catégoriquement formulé, soyez franc, pour qui me prendriez-vous ?

### VALVINS.

Pour qui ? Pour moi, avec transport et à l'instant même !

### MADAME DE RIEUX.

Vous n'y songez pas ; un dénouement aussi prompt serait inadmissible, même au théâtre.

### VALVINS.

Au Théâtre-Libre ! Mais dans l'ancien répertoire, ça ne ferait pas un pli. D'ailleurs, ce n'est point la comédie que nous nous sommes donnée ici ? Moi du moins...

### MADAME DE RIEUX.

Vous oubliez les ombres chinoises ?

### VALVINS.

Puisque je vous ai dit que je n'y étais pour rien.

MADAME DE RIEUX.

Eh bien ! venez me voir à Paris, nous en recauserons.

VALVINS.

Pourquoi pas dès à présent ?

MADAME DE RIEUX.

Êtes-vous donc si pressé ?

VALVINS.

J'ai tant d'arriéré à combler...

MADAME DE RIEUX.

Tartufe !... Soit, mais à une condition ?...

VALVINS.

Dites.

MADAME DE RIEUX.

Vous vous raccommoderez avec votre tante. Elle organi-
sera une nouvelle entrevue dans le même salon. Vous arri-
verez une demi-heure à l'avance et moi trois quarts d'heure
en retard. Quand vous vous serez bien dépité en m'atten-
dant, j'entrerai, vous vous mettrez à genoux devant moi et
direz : « Madame, je suis un grand coupable, mais je
supplie madame de Rieux de faire oublier à mademoiselle de Montlouis que je me suis conduit vis-à-vis d'elle
comme le dernier des misérables. »

VALVINS.

Volontiers. Voulez-vous que nous répétions tout de suite
la scène ?

MADAME DE RIEUX.

Pour la mémoire !

### VALVINS.

Oui, mais avec les mouvements... (Il s'agenouille.) Madame, je suis un grand coupable, mais je supplie madame de Valvins — permettez-moi cette variante — de faire oublier à mademoiselle de Montlouis que je me suis conduit vis-à-vis d'elle comme le dernier...

### MADAME DE RIEUX.

Des misérables !

### VALVINS.

Non des *mufles* !... C'est plus moderne.

Il reste à genoux, baisant les mains de madame de Rieux. Hélène entre<br>et le surprend dans cette position.

# SCÈNE V

### LES MÊMES, HÉLÈNE.

### HÉLÈNE, entrant, à part.

Tiens, il paraît que ça *colle*... (Haut.) Madame !(Valvins se relève.) L'omnibus de l'hôtel est à la porte. Nos bagages sont chargés à côté de ceux de Monsieur.

### MADAME DE RIEUX.

C'est bien, donnez-moi mon chapeau.

### VALVINS.

Vous permettez que je vous précède à la gare pour retenir un coupé-lit?

HÉLÈNE, à part.

Déjà!

MADAME DE RIEUX.

Ah! pardon, pas encore. Quand nous aurons convolé en justes noces.

VALVINS, prêt à sortir.

Néanmoins, nous ferons route ensemble?

MADAME DE RIEUX.

Oui, dans le wagon-salon.

VALVINS, à part.

Ça m'est égal, je le louerai en entier.

Il sort.

# SCÈNE VI

## MADAME DE RIEUX, HÉLÈNE.

Pendant que madame de Rieux fixe son chapeau devant la glace, Hélène achève de mettre dans le sac de voyage les ustensiles restés sur la toilette.

HÉLÈNE.

Si j'ai bien entendu, Madame épouse M. de Valvins?

MADAME DE RIEUX.

Tout me porte à le croire.

HÉLÈNE.

Madame le connaissait donc, avant de venir ici ?

MADAME DE RIEUX.

Moi ? Pas du tout.

HÉLÈNE.

Un mariage à grande vitesse, c'est *tordant* !

MADAME DE RIEUX.

Au contraire. Il y avait sept ans que nous étions fiancés !

HÉLÈNE.

Eh bien, et ce pauvre M. de Rieux, qu'est-ce qu'il faisait donc, lui ?

MADAME DE RIEUX.

L'intérim.

HÉLÈNE.

Ah ! bon, comme dans les Ombres Chinoises, jusqu'à ce que Rhotomago lui crie : — Disparais, brrrr !

Rideau.

PARIS. — IMPRIMERIE CHAIX. — 14568-7-99. — (Encre Lorilleux).

www.ingramcontent.com/pod-product-compliance
Lightning Source LLC
LaVergne TN
LVHW021208200726
843510LV00001B/497